Jean Robert

LES RECETTES NORMANDES

Les photographies sont de Marie-France Robert

Éditions Jean-Paul Gisserot

www.editions-gisserot.com

Soupe à l'oseille de Basse-Normandie

Temps de préparation

 20 min

Temps de cuisson

 10 min

Nombre de personnes

4 à 5

Ingrédients :

1 botte d'oseille,
150 g de crème,
20 g de farine,
(une grosse cuillère à soupe)

1 litre d'eau ou moitié lait-moitié eau,
40 g de beurre,
sel et poivre.

Préparation :

Trier, laver et enlever les parties trop dures de l'oseille. Hacher l'oseille. La faire revenir dans une casserole avec le beurre. Dès que l'oseille a perdu une partie de son eau, verser la farine, bien mélanger et mouiller avec l'eau et le lait par moitié. Saler, poivrer, cuire à feu doux pour 10 mn d'ébullition.

Mélanger la crème et les jaunes, retirer la soupe du feu, verser la liaison, remuer le tout.

Servir dans des assiettes chaudes (on peut servir avec des tranches de pain séchées au four ou rassises).

Soupe au potiron

Ingrédients :

600 g de potiron (sans déchets),   2 poireaux,
100 g de beurre,   1 litre de lait,
50 g de mie de pain blanc,   sel, poivre, muscade.

Préparation :

Couper le potiron en petits dés.

Couper les poireaux très finement en rondelles.

Dans une casserole avec la moitié du beurre, faire revenir les légumes.

Faire dorer la mie de pain dans une poêle, avec le reste du beurre, verser dans la casserole ; mouiller avec un peu d'eau pour une cuisson douce casserole couverte pendant 30 mn avec sel, poivre, muscade. Mixer la préparation, ajouter le lait bouillant pour 10 mn de cuisson.

Si on en a la possibilité, remplacer le poivre par du gingembre.

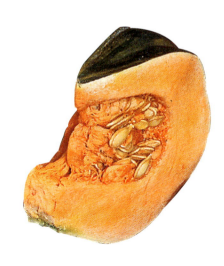

4

Temps de préparation

 30 min

Temps de cuisson

 5 min

Nombre de personnes

6

Croquant au fromage
(Camembert ou Pont l'Évêque ou Livarot)

Ingrédients :

1 camembert pas trop fait,
3 galettes de blé de fabrication asiatique de format carré 21 x 21 "briques" coupées en deux pour obtenir 6 triangles.
croûtons,

salade de saison,
huile pour cuisson,
vinaigre de cidre,

Préparation :

Dans chaque triangle de galette de blé, poser au centre la portion de fromage, replier de façon à entourer complètement le fromage. Pour une cuisson rapide, faire frire les portions une à une de chaque côté dans une sauteuse avec 2 cm d'huile.

Servir rapidement sur lit de salade avec des croûtons grillés et quelques gouttes de vinaigre de cidre sur la salade.

Cette recette peut être réalisée avec un camembert entier.

Petits flans au potiron

Ingrédients :

400 g de potiron
(pesé sans l'écorce et les graines),
50 g de fromage râpé,
noix de muscade,
gingembre ou poivre,

10 cl de crème épaisse,
4 œufs,
2 gousses d'ail épluchées,
sel (peu à cause du fromage),
beurre pour les ramequins.

Préparation :

Couper la pulpe du potiron en dés, la cuire avec l'ail 5 mn dans de l'eau bouillante salée, égoutter.

Mixer les œufs et la crème et à l'aide d'une cuillère en bois, mélanger avec le fromage râpé.

Beurrer les ramequins, les garnir avec la préparation.

Cuire au bain-marie (eau très chaude). Mettre au four th. 7 (210°) pour finir la cuisson.

Peut se servir démoulé ou tel quel.

Cette garniture accompagne la viande blanchie ou les poissons.

Temps de préparation

20 min

Temps de cuisson

20 min

Nombre de personnes

6

Temps de préparation

30 min
à
45 min

Temps de cuisson

2 heures
à
2h 40min

Nombre de personnes

12

La terrine
recette de la ferme

Température à cœur : 78°
Ingrédients pour une terrine moyenne :

1 kg de gorge de porc,
300 g de foie de porc,
que l'on peut aussi mélanger avec
du foie de volaille ou de lapin ;
il est possible d'ajouter un morceau
de jambon fumé (réduire alors le sel),
2 à 3 g de poivre,

200 g d'oignons,
1/4 de botte de persil,
100 g de couenne,
4 œufs,
4 cl de calvados ou d'armagnac,
25 g de sel,
2 à 3 g de 4 épices ou de muscade.

Préparation :

Faire cuire la couenne pendant 45 mn avec thym et laurier. Une fois cuite, l'égoutter.

Passer tous les ingrédients au hachoir, grille moyenne.

Mélanger avec une cuillère en bois, œufs, sel poivre, épices et alcool pendant au moins 5 mn (important), ce qui assure une bonne liaison. Cuire au bain-marie au four préchauffé au th. 5 (140°).

Garnir une terrine beurrée et tapissée d'une feuille d'aluminium beurrée.

Dès que la terrine se colore un peu, baisser le four au th. 4 (120°) pour une cuisson qui, vérifiée au thermo-sonde, doit indiquer 78°.

Cette terrine se déguste après un repos au froid de 48 heures.

Terrine de merlan
au safran des Indes

Temps de
préparation

30 min

Temps de
cuisson

2 heures
à
2h 30min 2

Nombre de
personnes

6

Ingrédients pour une terrine moyenne :

500 g de filet de merlan,
5 œufs entiers,
18 g de sel (à ne pas dépasser),
2 g de poivre.

500 g de crème fleurette,
12 g de poudre de curcuma
(2 cuillères à café),

Préparation de la farce :

Mixer, partie ou totalité des filets en fonction de la taille de l'appareil. Le mixage (3 à 5 mn) pour avoir une texture parfaitement homogène, ensuite incorporer les œufs et les aromates, 2 mn de mixage, puis la crème, en vous assurant que le mélange n'a pas chauffé (dans ce cas, faites un séjour au froid à la préparation avant d'incorporer la crème), et mixer le tout 1 mn.

Garniture de la terrine :

Beurrer largement la terrine (en métal ou en porcelaine). Si elle doit être démoulée, la tapisser d'une feuille d'aluminium largement beurrée des deux côtés.

Cuisson de la terrine :

Cuire au bain-marie, four préchauffé th. 5 (150°) jusqu'à une légère coloration, puis au th. 4 (120°), pour une cuisson qui, vérifiée au thermomètre doit indiquer 70° (une lame de couteau, plongée dans la terrine doit ressortir nette).

Cette terrine se mange froide, avec une mayonnaise allégée à la chantilly et parfumée au cerfeuil, ou chaude avec une sauce à base de légumes.

Le merlan se prête très bien à la confection des mousses de poisson. Pour la qualité de sa chair, il est souvent mélangé à des espèces plus nobles. Le safran des Indes, de son vrai nom Curcuma, apporte note jaune d'or et aromatisation à cette belle et excellente préparation.

Temps de
préparation

 2 min

Temps de
cuisson

 6 min

Nombre de
personnes

1

Œuf cocotte à la normande

Ingrédients :

2 œufs,   40 g de crème fraîche,
sel, poivre,   beurre pour le ramequin.

Préparation :

Verser la moitié de la crème dans un petit ramequin, saler, poivrer, casser les œufs, recouvrir avec le reste de crème.

Passer à four chaud au bain-marie (eau déjà très chaude) th. 7 (210°).

On peut améliorer cette entrée avec quelques pointes d'asperges (déjà cuites), de petits dés de jambon de la Manche (ne pas saler à ce moments-là).

Salade au chou rouge
et au blanc de volaille

Temps de
préparation

20 min

Temps de
cuisson

• • •

Nombre de
personnes

6

Ingrédients :

1 petit chou rouge,
ciboulette,
2 pommes acides épluchées,
4 cl de vinaigre de cidre,

400 g de blanc de volaille cuit
(poulet ou dinde),
10 cl d'huile,
sel et poivre.

Préparation :

Couper au couteau ou de préférence au coupe-jambon, le chou rouge en tranches les plus fines possibles. Cette salade n'est bonne que de cette façon.

Couper également les pommes un peu moins finement.

Couper en petits bâtonnets les blancs de volaille.

Mélanger le tout délicatement, préparer la vinaigrette et la verser sur la salade au dernier moment.

Salade d'encornets au Pont-l'Évêque

Temps de préparation

 30 min

Temps de cuisson

 1 heure à 1h 30min

Nombre de personnes

 6

Ingrédients :

1,200 kg d'encornets de préférence de la même taille (la cuisson est plus régulière),
1 poivron rouge moyen,
1/4 l de vin blanc,
1 fromage Pont-l'Évêque,
ciboulette.

4 tomates moyennes,
1 oignon doux,
1 cœur de laitue,
1 poivron vert moyen,
huile et vinaigre de cidre,
sel, poivre,

Préparation :

Enlever les têtes des corps des encornets, retirer le cartilage transparent, conserver les tentacules, couper et éliminer le reste ainsi que le bec.

Laver soigneusement, faire cuire au court-bouillon comprenant : sel, poivre, vin blanc, thym, laurier. Dès qu'ils sont tendres, les laisser refroidir et les couper en rondelles.

Couper les tomates en quartiers, l'oignon en fines rondelles, la salade en lanières, le fromage en petits cubes et les poivrons en dés.

Disposer le tout dans un saladier.

Assaisonner avec la vinaigrette, sel et poivre, mélanger délicatement.

Décorer avec la ciboulette entière.

Le Pont-l'Évêque relève d'une façon originale cette salade d'encornets.

Moules au cidre

Ingrédients :

2 kg de moules,
100 g de crème fraîche,
60 g de beurre,
40 g de moutarde de Dijon,
sel et poivre.

1/2 bouteille de cidre brut,
3 oignons hachés très fin,
60 g de farine,
persil ou ciboulette,

Préparation :

Dans une casserole, verser la moitié du cidre, les moules avec sel et poivre.

Faire cuire à feu vif ; dès que les moules sont ouvertes, les retirer, les disposer dans un plat allant au four, les parties de la moules garnie sur le dessus. Filtrer le jus et le conserver au chaud (tiède).

Dans une casserole, mettre le beurre et les oignons, faire cuire juste blond, y mélanger la farine pour une courte cuisson, en remuant à l'aide d'une cuillère en bois, y verser le jus de cuisson, le reste de cidre, faire réduire de moitié, baisser le feu, incorporer la crème et la moutarde tout en remuant (et juste une ébullition). Napper les moules avec la sauce, garnir de persil haché ou ciboulette.

Temps de préparation

15 min

Temps de cuisson

20 min

Nombre de personnes

6

Temps de
préparation

 10 min

Temps de
cuisson

 2 à 3min

Nombre de
personnes

6

Palourdes à la crème de cerfeuil

Ingrédients :

2 kg de palourdes,
1 botte de cerfeuil,

125 g de crème fraîche,
sel et poivre.

Préparation :

Laver les palourdes et faire ouvrir dans une casserole avec très peu d'eau.

Les réserver dans un autre récipient.

Filtrer l'eau qu'elles ont rendue (à l'aide d'un filtre à café) et verser dans la casserole.

Mixer la crème, botte de cerfeuil bien lavé et soigneusement essoré, et dont on a retiré les branches.

Verser dans la casserole, faire un peu épaissir ou lier avec un peu de fécule de pomme de terre (1 cuillerée à café).

Ajouter les palourdes pour 2 à 3 minutes de cuisson douce, poivrer éventuellement.

Servir de suite.

Encornets de potiron à la Diable

Ingrédients :

3 kg de petits encornets,
60 g de calvados jeune,
100 g de crème,
30 g de sel,
5 gouttes de tabasco.

150 g d' huile,
400 g de pulpe de potiron sans peau,
300 g d'oignons (pesés épluchés),
4 g de poivre,

Préparation :

Enlever les têtes du corps des encornets, retirer le cartilage transparent.

Conserver les tentacules, couper et éliminer le reste ainsi que le bec.

Laver soigneusement et couper le corps en rondelles, relaver le tout afin de bien éliminer le sable.

Couper les oignons finement. Les faire revenir à l'huile, ajouter les encornets, faire bouillir, ajouter la pulpe de potiron réduite en purée. Ajouter le sel, le poivre, laisser cuire jusqu'à l'attendrissement des encornets.

Le tabasco se met en dernier lorsque la cuisson est terminée et que la crème a été ajoutée, ce qui permet de rectifier l'assaisonnement.

Temps de préparation

20 min

Temps de cuisson

30 min à 50 min

Nombre de personnes

6

Temps de
préparation

 10 min

Temps de
cuisson

 15 min

Nombre de
personnes

6

Fricassée de coquillages d'Étretat

Ingrédients :

3 kg de coquillages assortis
(moules, coques, praires,
palourdes, etc.),
1 botte de cerfeuil
(coupée aux ciseaux),
sel et poivre.

crème (s'il n'y a pas assez de jus),
20 cl de vin blanc,
50 g de concentré de tomates,
200 g de champignons meunier
ou de Paris (petits),

Préparation :

Préparer et cuire les champignons (sans les couper) dans un peu de vin blanc.

Saler, poivrer, réserver les champignons, conserver le jus dans la casserole de cuisson.

Nettoyer et laver les coquillages, les cuire dans la casserole des champignons avec le reste du vin à feu vif et les remuer pendant leur cuisson.

Dès qu'ils sont ouverts, les retirer et mélanger avec les champignons.

A part filtrer le jus, faire réduire, ajouter le concentré de tomates, mélanger avec les coquillages pour les réchauffer doucement, vérifier l'assaisonnement, ajouter le cerfeuil, dresser dans un plat et servir de suite.

Saint-Jacques
à la fondue de poireaux

Temps de
préparation

20 min

Temps de
cuisson

15 min

Nombre de
personnes

6

Ingrédients :

50 g de crème épaisse,
18 coquilles Saint-Jacques,
dont 6 grosses pour le service,

2 jaunes d'œuf,
20 g de beurre,
sel et poivre.

Préparation :

Ouvrir les Saint-Jacques à l'aide d'un couteau, conserver la noix et le corail, éliminer barbes et poches noires, ainsi que la partie blanche et nerveuse qui se trouve sur le côté de la noix.

Faire sauter au beurre noix et corail, saler, poivrer, cuire 2 mn de chaque côté.

Prendre 100 g de fondue de poireaux (voir page 97), mixer avec la crème, les jaunes d'œuf, sel et poivre.

Remplir les 6 coquilles beurrées avec le reste de fondue de poireaux ; y disposer les noix ; si elles sont épaisses, les couper dans l'épaisseur, recouvrir avec la sauce, faire gratiner.

Il est préférable que la fondue de poireaux soit déjà chaude.

Gratiner à four chaud, th. 7 (210°).

Temps de
préparation

 15 min

Temps de
cuisson

 35 min

Nombre de
personnes

6

Dorades au four

Ingrédients :

3 dorades de préférence
à un gros poisson,
beurre,
feuille d'aluminium.

6 pommes,
75 cl de cidre brut,
sel, poivre,

Préparation :

Écailler, vider les dorades, mais conserver les têtes pour la présentation, elles donnent aussi du goût à la préparation.

Saler, poivrer l'intérieur des poissons.

Beurrer un récipient pour les dorades.

Faire une incision circulaire de 3 à 4 mm de profondeur tout autour des pommes aux 2/3 de leur hauteur, cette petite incision évitera aux pommes d'éclater.

Disposer le tout dans un plat, verser le cidre, saler et poivrer l'ensemble, recouvrir d'une feuille d'aluminium et y faire quelques trous à l'aide d'un couteau pointu, ce qui va permettre à une partie de la vapeur de s'échapper.

Mettre à cuire 30 à 34 mn à four chaud th. 7/8 (220°).

S'il reste trop de liquide au milieu de la cuisson, retirer la feuille pour faciliter l'évaporation.

Servir dans le plat de cuisson.

Filets de soles au cidre

Ingrédients :

120 g de beurre,
3 dl de cidre,
6 soles dites « portion » ou
3 grosses soles, en faire des filets,
sel, poivre,

80 g de crème,
6 échalotes grises,
20 g de farine,
1 jus d'un citron,
persil facultatif.

Temps de préparation

25 min

Temps de cuisson

20 min

Nombre de personnes

6

Préparation :

Prendre un plat qui va au four, l'enduire avec la moitié du beurre et y disposer les filets ; saler, poivrer et recouvrir avec les échalotes très finement hachées, y verser le cidre. Cuire au four 15 mn (assez chaud) th. 7 (210°).

Dès que la cuisson est terminée, récupérer délicatement le jus.

Dans une casserole, mélanger le reste du beurre avec la farine, cuire à feu doux en remuant sans cesse avec un fouet ; dès que la sauce est épaisse, incorporer le jus de citron, retirer du feu, incorporer la crème, napper les filets avec la sauce, servir de suite.

On peut utiliser plies ou carrelets.

Temps de
préparation

 20 min

Temps de
cuisson

 25 min

Nombre de
personnes

 6

Thon à l'effilée d'ail et d'amandes

Ingrédients :

6 tranches moyennes de thon,
50 g d'amandes effilées,
sel et poivre.

50 g d'ail pesé, épluché,
100 g de beurre,

Préparation :

Faire cuire les tranches de thon au beurre dans une poêle, saler, poivrer. A part, dans une autre poêle, faire revenir au beurre les amandes effilées jusqu'à coloration blonde, les réserver.

Effiler l'ail le plus mince possible, semblable aux amandes. Faire dorer les amandes au beurre en les remuant souvent et en étant très attentif car elles brûlent très vite en fin de cuisson. Lorsqu'elles sont dorées, les mélanger avec les amandes. Conserver le beurre de cuisson.

Dès que les tranches de thon sont cuites, les recouvrir avec le mélange amandes et ail, et le beurre de cuisson.

Habituellement, l'ail est écrasé, mais pour cette présentation, on fait une exception.

Andouille de Vire sauce poivre aux pommes ou sans pommes

Temps de préparation

15 min

Temps de cuisson

20 min

Nombre de personnes

6

Ingrédients :

12 tranches d'andouille de Vire,
80 g de beurre,
1 c. à café de fond de veau,
poivre,

4 pommes fruit,
8 cl de crème,
quelques gouttes d'arôme Patrelle,
mignonnette,
sel.

Préparation :

Éplucher les pommes, enlever les pépins et les couper en cubes.

Les faire sauter avec 70 g du beurre, les conserver au chaud.

Faire sauter les tranches des deux côtés avec les 10 g de beurre restant.

Conserver au chaud.

Dans la poêle faire cuire la crème avec le fond de veau, la mignonnette, l'arôme Patrelle, un peu de sel, réduire la sauce.

Dresser les pommes, l'andouille sur les assiettes, et répartir la sauce.

Temps de
préparation

2 2 heures
+ 2h de
macération

Temps de
cuisson

40 min
à
50 min

Nombre de
personnes

6

Terrine de foie gras frais de canard à la normande

Température à cœur : 56-57°
Réfrigération avant consommation : 24 h

Ingrédients :

1 fois gras dénervé
400/500g (pas plus gros),
2/3 g poivre blanc,
1 pointe de noix de muscade.

3 cl de calvados, hors d'âge,
16/18 g sel fin (par kg de foie),
2 cl de «pommeau»,

Préparation :

Dans un plat, coucher les lobes ouverts vers l'extérieur, avec le bout d'un couteaux rond déveinner le foieles assaisonner avec : sel, poivre, muscade, pommeau, calvados. Laisser mariner 12 heures au réfrigérateur, en prenant soin de recouvrir le plat d'un film plastique, retourner 1 ou 2 fois les lobes dans la marinade.

Pour la cuisson : après le temps de pose, sortir du réfrigérateur et laisser le plat 2 heures à température ambiante.

Dans une terrine rectangulaire, disposer les lobes en leur redonnant leur forme naturelle, en les tassant bien, le premier gros lobe dans le fond de la terrine, puis les plus petits et enfin un plus gros. Pour cuire cette terrine, il vous faut un plat plus grand, afin de la cuire au bain-marie dans 2 à 3 cm d'eau, four et bain-marie préalablement chauffés, très doux 140/150° th. 4/5, y déposer la terrine sans la couvrir et laisser au four 40 mn. La température du bain-marie ne doit en aucun cas dépasser 70°, ni plus ni moins, un thermomètre est indispensable pour cette délicate cuisson.

En fin de cuisson, vérifier la température de l'intérieur de la terrine, elle doit être à 56/57° maximum. Sortir l'ensemble, ôter la terrine du bain-marie, la recouvrir de son couvercle, laisser refroidir naturellement 2 heures environ.

Pour une réussite optimale de votre terrine, il est indispensable de procéder à l'opération suivante : Dans une planchette de bois, tailler le gabarit du dessus de la terrine, la recouvrir de papier alu ou film plastique, la disposer après le refroidissement naturel sur le dessus de la terrine, en y mettant un poids d'environ 500 g. Cette opération assure une bonne contexture de l'ensemble. Conserver la terrine au réfrigérateur 24 heures avant la dégustation ; elle peut se conserver 6 à 8 jours.

Présentation : servir 1 ou 2 tranches par personne avec pommes rissolées, pain grillé chaud.

Tripes à la mode de Caen

Ingrédients :

2 kg de tripes, morceaux assortis,
coupés en carrés de 5 à 6 cm de côté,
300 g de blancs de
poireaux coupés en deux,
persil et bouquet garni (thym, laurier),
300 g de graisse de rognon de bœuf,
éventuellement car il paraît qu'ainsi
les tripes seraient plus blanches, mais
l'apport de gras n'est pas toujours désiré,
cidre sec et eau par moitié pour bien
couvrir l'ensemble.
300 g de carottes coupées en rondelles,

1 pied de veau coupé en morceaux,
1/2 pied de bœuf coupé en morceaux,
6 cl de calvados,
4 g de poivre quatre épices,
6 gousses d'ail épluchées mais entières,
4 clous de girofle,
1 branche de céleri, si possible,
2 à 4 g de poivre moulu,
selon son goût,
30 g de sel (à rectifier
éventuellement en fin de cuisson),
400 g d'oignons grossièrement hachés,

Temps de préparation

1 heure **1**

Temps de cuisson

10 heures à 12 heures **12**

Nombre de personnes

12

Préparation :

La cuisson des tripes à la mode de Caen peut s'effectuer dans une tripière, récipient particulièrement adapté, qui est une marmite en terre dont il existe plusieurs tailles, de forme ronde, beaucoup plus large que haute, avec dans sa partie supérieure, un couvercle très peu large et que l'on peut aisément fermer hermétiquement à l'aide d'une pâte composée de farine et d'un peu d'eau (on dit « luter » la tripière). C'est dans ce type de récipient traditionnel que la cuisson s'opère le plus facilement. Dans les récipients habituels, genre de marmite avec couvercle, les tripes peuvent attacher au fond si la cuisson est conduite directement sur le feu.

Certains placent même une assiette retournée au fond de la marmite. On confie souvent la cuisson des tripes au boulanger de la localité.

Les légumes étant prêts, les disposer dans le fond du récipient avec ail et bouquet garni ; sur cette couche de légumes, placer les pieds de veau et bœuf coupés en morceaux puis les tripes et répartir l'assaisonnement ; ajouter le calvados, le cidre et l'eau pour couvrir largement l'ensemble.

La cuisson peut s'opérer de plusieurs façons : Dans la tripière en terre directement au four th. 6 (180°) pendant 6 heures, puis th. 5 (150°) pour le reste de la cuisson ou dans un récipient, genre cocotte en fonte, sans poignées qui risquent de fondre au four. Il est possible de démarrer la cuisson sur le feu et de la finir au four, ce qui fait gagner un peu de temps ; ce mode de cuisson permet une meilleure surveillance.

Il est aussi possible de réaliser toute la cuisson sur le feu, un diffuseur est alors souhaitable. Il faut alors surveiller qu'il reste assez de liquide dans le récipient ; cette remarque est valable pour les cuissons hors du récipient de tradition.

La cuisson est longue : 10 à 12 heures. Pour obtenir une bonne liaison, la cuisson doit être lente ; on ne doit absolument pas ajouter un liant, que ce soit farine, fécule, etc. On peut à la rigueur retirer le jus et le réduire à part.

Une fois la cuisson terminée, on vérifie s'il y a assez de sel, on enlève os, bouquet garni..., et on sert très chaud.

Consommation : peut se déguster dès la fin de la cuisson

Temps de
préparation

 1 heure

Temps de
cuisson

 10 heures
à
12 heures

Nombre de
personnes

12

Les tripes au cidre sec

Ingrédients :

2 kg de tripes de bœuf, 1 litre de cidre dur,
250 g d'oignons hachés, 250 g d'échalotes hachées,
sel, poivre moulu, laurier, pas d'autres légumes.

Préparation :

Procéder comme pour les tripes à la mode de Caen (page. 21).
En cours de cuisson, il peut être nécessaire d'ajouter de l'eau ; rectifier éventuellement en fin de cuisson.

Les deux pommes à la normande

Ingrédients :

800 g de pommes de terre
pesées, épluchées,
1/2 litre de lait,
sel, poivre, muscade (peu).

2 pommes,
40 g de beurre,
40 g de farine,

Préparation :

Éplucher et émincer finement les pommes de terre.

Émincer un peu plus épais les pommes, sans les éplucher.

Les disposer en les mélangeant dans un plat beurré allant au four.

Dans une casserole, faire revenir beurre et farine pour en faire un roux clair, y verser le lait et à l'aide d'un fouet remuer jusqu'à ébullition.

Assaisonner, verser la préparation sur les pommes. Gratiner à feu vif th. 6/7 (90°) jusqu'à coloration.

Temps de préparation

 1 heure

Temps de cuisson

 40 min

Nombre de personnes

10

Confiture de pommes caramel

Ingrédients :

1 kg de pommes épluchées, évidées
et coupées en tranches épaisses,
850g de sucre

85 g de raisins secs,
2 cl de calvados.

Préparation :

Faire tremper les raisins dans le calvados (il est préférable de le faire dès la veille).

Dans une bassine à confiture, mettre le sucre et un peu d'eau (100 g). Faire cuire le sucre doucement, sans le remuer ; dès qu'il est fondu, augmenter le feu et continuer la cuisson jusqu'à obtenir une coloration blonde du sirop.

Incorporer les pommes doucement pour les faire pénétrer dans le sirop. Prolonger la cuisson, afin que les pommes soient translucides, soit un temps d'environ 40 mn.

Un peu avant la fin de la cuisson, ajouter les raisins macérés et le jus restant.

Mettre en pots. La confiture prend en gelée. En la réchauffant très doucement, elle peut garnir un fond de tarte précuit et froid.

Gâteau normand

Ingrédients :

600 g de pommes,
30 g de sucre,
150 g de fécule de pommes de terre,
2,5 dl de crème,
1 sachet de poudre levante,
4 cl de calvados de qualité.

60 g de beurre doux,
150 g de farine,
100 g de sucre,
5 jaunes d'œuf,
2 sachets de sucre vanillé,

Temps de
préparation

30 min

Temps de
cuisson

30 min

Nombre de
personnes

8

Préparation :

Éplucher les pommes, les couper en morceaux et les faire sauter au beurre ; lorsqu'elles commencent à se colorer, les saupoudrer des 30 g de sucre et poursuivre la cuisson jusqu'à une légère coloration caramel.

1. Mélanger la farine, la fécule, la poudre levante, le sucre, le sucre vanillé, le sel.

2. Mélanger la crème, les jaunes, le calvados.

Mélanger enfin 1. et 2., incorporer les pommes sautées et refroidies. Verser l'ensemble dans un moule beurré. Faire cuire au th. 7 (210°) jusqu'à coloration de l'ensemble, plonger un couteau dans la pâte pour être sûr de la fin de sa cuisson (le couteau doit ressortir sans que la pâte y adhère).

Ce gâteau est bon dégusté tiède, ne pas hésiter à le faire tiédir s'il est froid.

Temps de préparation

 20 min

Temps de cuisson

 30 min à 35 min

Nombre de personnes

6

Tarte simple ou tarte du « dimanche »

Ingrédients :

4 grosses pommes,
1 fond de tarte feuilletée ou
brisée, de préférence pur beurre,

2 cuillerées à soupe de sucre,
1 œuf entier battu,
30 g de beurre,

Préparation :

Étaler la pâte en conservant son papier sulfurisé (papier qui l'entoure). Badigeonner avec un pinceau à l'œuf battu le bord de la pâte. Saupoudrer le centre avec une cuillerée à soupe de sucre.

Disposer le tout sur une plaque de cuisson ou dans un moule à tarte, éplucher les pommes et disposer des tranches fines sur la pâte.

Badigeonner au pinceau l'œuf battu sur l'ensemble de la tarte.

Saupoudrer de sucre, de noisettes de beurre, enfourner th. 6 (180°) pour la cuire.

Servir tiède.

Flambée au calvados : c'est la tarte du « dimanche ».

La Teurgoule

Ingrédients :

200 g de riz, grain rond,
non glacé, non précuit,
1 g de cannelle ou
davantage (question de goût),
1,5l de lait entier.

300 g de sucre en poudre,
5 g de sel.
1 gousse de vanille ou plus rarement
un peu de fleur d'oranger,

Temps de
préparation

15 min

Temps de
cuisson

3 heures

Nombre de
personnes

6

Préparation :

Prendre une terrine ronde, allant au four, y disposer le riz, le sucre, la cannelle, le sel, mélanger le tout. Faire bouillir le lait avec la gousse de vanille fendue, et verser le tout bouillant dans la terrine en mélangeant l'ensemble.

Cuire à four moyen th. 5 (150°) maximum ; il doit se former, à la fin de la cuisson, une croûte très foncée.

La Teurgoule se sert dans sa terrine de cuisson, et se déguste chaude ou froide.

Façonner en quenelles et servir avec des pommes macérées au pommeau.

Si la teurgoule n'est pas un chef-d'œuvre gastronomique, elle a ce côté solide des nourritures de jadis, et fait partie de ces recettes traditionnelles qu'il faut à tout prix préserver de l'oubli.

Les crêpes

Pour environ 30 pièces de taille moyenne
Ingrédients :

350 g de farine à pâtisserie,
5 g de sel (1 cuillère à café rase),
3/4 de litre de lait pur
ou moitié d'eau,

60 g de sucre en poudre,
4 ou 5 œufs suivant leur taille,
Parfum au choix,
vanille ou rhum ou les deux.

Préparation :

Mélanger farine, lait, sucre, sel, parfum à l'aide d'un fouet, fouetter vigoureusement 1 à 2 mn ; ajouter alors les œufs battus, ce mode de préparation facilite l'étalement de la pâte.
Essayer la pâte après un repos d'1 heure ; si elle est trop épaisse, ajouter un peu de liquide.
Cuisson à feu plutôt doux.

Conseils généraux pour bien les réussir

Utiliser de préférence une poêle à revêtement anti-adhésif.
Graisser la poêle avec un petit chiffon préparé comme un tampon, imprégné d'huile ou de beurre fondu. On le passe dans la poêle après chaque crêpe, ou on utilise une noisette de beurre.
Verser la pâte dans la poêle chaude et l'incliner pour bien la répartir ; dès qu'un côté est cuit, la retourner soit en la faisant sauter, soit à l'aide d'une spatule en la prenant par le bord qui se soulève naturellement un peu.
Pour tenir les crêpes au chaud : les disposer dans une assiette au-dessus d'une casserole contenant un peu d'eau chaude, retourner une assiette semblable sur les crêpes, ou au four th. 2-3, recouvertes d'une feuille d'aluminium.

La crêpe omelette

Temps de préparation

 15 min

Temps de cuisson

 2 min par crêpe

Nombre de personnes

6

Ingrédients :

250 g de farine de froment, complète ou de sarrasin,
beurre pour la cuisson des crêpes,
2 cuillères à soupe de ciboulette hachée,

1/2 l de lait ou davantage,
4 œufs,
150 g de petits lardons sautés au beurre,
sel et poivre.

Préparation :

Mélanger la farine et le lait pour obtenir une pâte un peu épaisse, sel, poivre ; ajouter les œufs battus, les lardons, la ciboulette.
Il est préférable de faire les crêpes dans une toute petite poêle.
Ces crêpes peuvent servir de garniture à un plat de viande ou de volaille.

La belle crêpe aux pommes

Temps de préparation

10 min

Temps de cuisson

12 min

Nombre de personnes

1

Ingrédients :

1 grosse pomme,   25 g de beurre.

Préparation :

Couper 3 tranches entières d'une grosse pomme.

Les faire rissoler des deux côtés dans du beurre, puis verser la pâte autour des pommes et retourner la crêpe pour finir la cuisson.

Crêpe pomme au cidre

Temps de préparation

15 min

Temps de cuisson

10 min

Nombre de personnes

1

Ingrédients :

1 crêpe,   1 pomme,
20 g de beurre,   1 cuillère à soupe de sucre,
1/2 verre de cidre.

Préparation :

Éplucher et couper la pomme en dés.

La faire sauter avec le beurre, le sucre, puis le cidre.

Faire colorer pour une cuisson complète, garnir la crêpe avec cette préparation, servir de suite.

Temps de
préparation

 20 min

Temps de
cuisson

 40 min

Nombre de
personnes

6

Les pommes meringuées

Ingrédients :

6 pommes
(ne se défaisant pas à la cuisson),
50 g d'amandes effilées, très peu
grillées sur la meringue (elles
n'auraient pas le temps de griller),
100 g de sucre.

6 tranches de pain de mie,
60 g de beurre,
2 blancs d'œufs,
6 cl d'eau (1/2 verre),
75 g de sucre,

Préparation :

Peler les pommes, les évider en les
conservant entières dans un plat allant
au four ; disposer le pain, poser une
pomme sur chaque tranche de pain, puis
remplir le creux de chaque pomme avec beurre
et sucre, mettre de l'eau dans le fond du plat et
cuire à four chaud th. 6/7 (200°), jusqu'à ce que
les pommes soient dorées (environ 30 mn).

Battre les blancs en neige très ferme, ajouter le sucre,
recouvrir les pommes avec la meringue et répartir les amandes
sur celle-ci. Mettre au four 10 mn pour faire dorer la meringue.

Galettes à la pomme ou à la poire

Ingrédients :

400 g de farine,
250 g de beurre fondu tiède,
150 g de compote de pommes ou
de poires, non sucrée et très réduite,

200 g de sucre semoule,
2 sachets de sucre vanillé,
1 sachet de poudre levante,
1 œuf pour dorer.

Préparation :

Mélanger la farine et la poudre levante.Mélanger le beurre fondu tiède avec la compote, le sucre semoule et le sucre vanillé.

Incorporer la farine en mélangeant sans insister. Laisser la préparation reposer 2 heures ou davantage, au froid et recouvert d'un linge. Sur le plan de travail fariné, abaisser la pâte à 4,5 mm d'épaisseur ; à l'aide d'un découpoir ou d'un verre, découper les galettes, les disposer sur une plaque légèrement beurrée, dorer à l'œuf ou simplement avec un peu de lait. Cuire au four th. 6 (180°), les galettes prennent peu de couleur ; la cuisson doit durer de 12 à 15 mn.

Attendre le complet refroidissement pour les manipuler, ces galettes sont fragiles.

Temps de préparation

30 min

Temps de cuisson

12 min
à
15 min

Nombre de personnes

10

TABLE DES MATIERES

© 2005 EDITIONS GISSEROT
imprimé par Pollina Luçon 85 n° L95818
imprimé en France